GOLDENE SCHRITTE ZUR FINANZIELLEN FREIHEIT

Inhalt

Wir begannen

Die Art und Weise, wie wir denken

Was wir in unserem Leben tun

Spielen, um zu gewinnen oder zu verlieren

 GOLDENE SCHRITTE ZUR FINANZIELLEN FREIHEIT

Wir begannen

Gedanken führen zu Gefühlen, Gefühle führen zu Aktivitäten, und Aktivitäten führen zu Ergebnissen. Alles beginnt mit Ihren Gedanken, die von Ihrem Gehirn produziert werden. Ist es nicht erstaunlich, dass unser Gehirn praktisch die Grundlage unseres Lebens ist, und doch haben die meisten von uns keine Ahnung, wie dieses leistungsstarke Gerät funktioniert?

Beginnen wir also damit, einen einfachen Blick auf die Funktionsweise Ihres Gehirns zu werfen. Metaphorisch gesehen ist Ihr Verstand nichts anderes als ein riesiger Aktenschrank, ähnlich dem, was Sie in Ihrem Büro oder Zuhause vorfinden würden. Alle eingehenden Daten werden beschriftet und in Ordnern abgelegt, so dass sie leicht abgerufen werden können, um Ihnen das Überleben zu erleichtern.

Haben Sie das gehört? Ich habe nicht gesagt, dass man gedeihen soll, sondern dass man überleben soll.

In jeder Situation gehen Sie zu den Dateien in Ihrem Gehirn, um zu bestimmen, wie Sie reagieren sollen. Nehmen wir an, Sie erwägen zum Beispiel eine finanzielle Möglichkeit. Sie gehen automatisch zu Ihrer Akte, die als Bargeld gekennzeichnet ist, und von dort aus entscheiden Sie, was zu tun ist.

Die einzigen Gedanken, die Sie über Bargeld haben können, sind die, die in Ihrer

Bargeldakte gespeichert sind. Das ist alles, woran Sie denken können, denn das ist alles, was in Ihrem Gehirn unter dieser Kategorie zu finden ist.

Schauen wir uns an, wie man diese Dateien korrekt verwendet.

Geheimnisse des Unterbewusstseins eines Millionärs...

Wie Sie Ihren Finanzplan zur Schaffung unbegrenzten Reichtums auf Autopilot im Internet-Zeitalter übertragen können.

Die Art und Weise, wie wir denken

Sie entscheiden auf der Grundlage dessen, was Ihrer Meinung nach logisch, vernünftig und für Sie zum jeweiligen Zeitpunkt angemessen ist. Sie treffen das, was Sie für die richtige Wahl halten. Der Punkt ist jedoch, dass Ihre richtige Wahl möglicherweise nicht erfolgreich sein wird. Tatsächlich könnte das, was für Sie vollkommen sinnvoll ist, durchweg zu völlig schlechten Ergebnissen führen. Sagen wir zum Beispiel, ich bin im Einkaufszentrum.

Ich sehe diese grüne Tasche mit 25% Rabatt im Verkauf. Ich gehe sofort zu meinen

Hirnakten mit der Frage: "Soll ich diese Tasche holen? In einer Nanosekunde kommen meine Gehirndateien mit der Antwort zurück: "Sie haben nach einer grünen Tasche gesucht, die zu den grünen Schuhen passt, die Sie letzte Woche gekauft haben. Vergleichen Sie es!" Als ich zur Kasse laufe, ist mein Gehirn nicht nur begeistert, diese schöne Tasche zu haben, sondern es strahlt auch vor Stolz, weil es 25% Rabatt gibt.

Für meinen Verstand macht dieser Kauf sehr viel Sinn. Doch zu keinem Zeitpunkt dachte mein Gehirn: "Es stimmt, das ist eine wirklich schöne Tasche, und es stimmt, es ist ein gutes Geschäft, aber heute bin ich 3000 Dollar verschuldet, also warte ich lieber ab".

Ich bin nicht auf diese Daten gekommen,

weil keine Datei in meinem Gehirn sie enthält. Das Dossier "Wenn Sie verschuldet sind, kaufen Sie nicht mehr" wurde nie erstellt und existiert nicht, was bedeutet, dass die konkrete Wahl keine Option ist.

Haben Sie mich verstanden?

Unsere Gehirne

Wenn Sie Akten in Ihrem Kabinett haben, die den finanziellen Erfolg nicht unterstützen, sind das die einzigen Entscheidungen, die Sie treffen können. Sie werden instinktiv und automatisch ablaufen und für Sie sehr sinnvoll sein. Aber am Ende werden sie bestenfalls noch finanziellen Misserfolg oder Mittelmäßigkeit produzieren.

Umgekehrt, wenn Sie Gehirndateien haben, die den finanziellen Erfolg unterstützen, werden Ihnen natürlich und automatisch Optionen einfallen, die zum Erfolg führen. Sie werden es nicht in Betracht ziehen müssen. Ihre normale Denkweise wird zum Erfolg führen, ähnlich wie Donald Trump. Ihre normale Denkweise erzeugt Reichtum.

Wenn es um Bargeld geht, wäre es dann nicht erstaunlich, wenn Sie von Natur aus darüber nachdenken könnten, wie reiche Leute denken? Nun, das können Sie!

Die Bewegung der Offenheit für jede Veränderung ist Bewusstsein, was bedeutet, dass die Bewegung der Offenheit, so zu denken, wie reiche Menschen denken, bedeutet zu wissen, wie reiche Menschen denken.

Reiche Menschen denken ganz anders als Arme und Menschen aus der Mittelschicht. Sie denken anders über Geld, über Reichtum, über sich selbst, über andere und über jeden anderen Aspekt des Lebens.

Wir werden einige dieser Unterschiede untersuchen und als Teil Ihrer Aufarbeitung alternative "Reichtumsdateien" in Ihrem Gehirn installieren.

Mit neuen Dateien kommen neue Optionen. Vielleicht überraschen Sie sich selbst, wenn Sie wie arme Menschen aus der Mittelschicht denken und sich bewusst darauf konzentrieren, wie reiche Menschen denken.

Denken Sie daran, dass Sie sich vielleicht entscheiden, in einer Weise zu denken, die Ihr Glück und Ihren Erfolg unterstützt, statt in einer Weise, die das nicht tut.

Einige Vorsichtsmaßnahmen für den Anfang. Auf keinen Fall will ich arme Menschen in irgendeiner Form erniedrigen. Ich glaube nicht, dass reiche Menschen besser sind als arme Menschen.

Sie sind einfach reicher. Gleichzeitig möchte ich sicherstellen, dass sie die Botschaft verstehen, also werde ich die Unterscheidung zwischen Arm und Reich so extrem wie möglich machen.

Wenn ich von reichen, armen und bürgerlichen Menschen spreche, dann meine ich damit ihre Denkweise, wie unterschiedliche Menschen denken und handeln, und nicht die Geldmenge, die sie haben, oder ihren Wert für die Gesellschaft.

Ich werde verallgemeinern. Auch hier ist es mein Ziel, sicherzustellen, dass Sie den Sinn eines jeden Prinzips verstehen und es anwenden.

Im Allgemeinen werde ich mich nicht immer speziell auf die Mittelschicht beziehen, denn die Menschen der Mittelschicht haben in der Regel eine Mischung aus reichen und armen Mentalitäten.

Einige der Regeln scheinen mehr mit Gewohnheiten und Aktivitäten als mit Denkweisen zu tun zu haben.

Unsere Aktivitäten kommen aus unseren Gefühlen, die aus unseren Gedanken kommen. Deshalb geht jeder reichen Tätigkeit eine reiche Denkweise voraus.

Abschließend möchte ich Sie bitten, bereit zu sein, darauf zu verzichten, Recht zu haben! Was ich damit meine, ist, dass Sie bereit sein sollten, darauf zu verzichten, es auf Ihre Art zu tun. Warum?

Denn Ihr Weg hat Ihnen genau das gegeben, was Sie heute haben. Wenn Sie mehr vom Gleichen wollen, machen Sie weiter, wie Sie wollen. Wenn Sie jedoch noch nicht reich sind, ist es vielleicht an der Zeit, einen anderen Weg in Betracht zu ziehen. Es liegt bei Ihnen. Die Konzepte, die Sie nun lernen werden, sind einfach, aber tiefgründig.

Sie bewirken echte Veränderungen für reale Personen im realen Leben. Wenn Sie sie lernen und anwenden, bin ich sicher, dass sie auch Ihr Leben verändern werden.

Am Ende jedes Abschnitts finden Sie eine Proklamation und eine körperliche Bewegung, mit der Sie diese in Ihrem Körper "verankern" können.

Ebenso finden Sie Aktivitäten, die Ihnen helfen, dieses Archiv des Reichtums zu erwerben. Es ist entscheidend, dass Sie jede Akte in Ihrem Leben so schnell wie möglich in die Tat umsetzen, damit sich das Wissen auf physischer, zellulärer Ebene bewegen und dauerhafte und dauerhafte

Veränderungen bewirken kann.

Die meisten Menschen verstehen, dass wir Gewohnheitstiere sind, aber was sie nicht erkennen, ist, dass es eigentlich zwei Arten von Gewohnheiten gibt: Gewohnheiten des Tuns und Gewohnheiten des Nicht-Tun. Alles, was Sie im Moment nicht tun, tun Sie mit der Gewohnheit, es nicht zu tun.

Die einzige Möglichkeit, diese Gewohnheiten des Nicht-Tun in Gewohnheiten des Tuns umzuwandeln, besteht darin, sie zu tun. Ein Studium wird Ihnen helfen, aber es ist eine ganz andere Welt, wenn Sie vom Studium zur Arbeit kommen. Wenn es Ihnen mit dem Erfolg wirklich ernst ist, probieren Sie es aus und führen Sie die vorgeschlagenen Aktivitäten durch.

Was wir in unserem Leben tun

Wenn Sie Wohlstand schaffen wollen, ist es entscheidend, dass Sie darauf vertrauen, dass Sie Ihr Leben, insbesondere Ihr finanzielles Leben, selbst in die Hand nehmen. Wenn Sie dem nicht vertrauen, dann müssen Sie von Natur aus darauf vertrauen, dass Sie wenig oder gar keine Kontrolle über Ihr Leben haben und daher auch wenig oder gar keine Kontrolle über Ihren finanziellen Erfolg haben. Das ist keine Haltung des Reichtums.

Ist Ihnen schon einmal aufgefallen, dass es im Allgemeinen arme Menschen sind, die ein Vermögen im Lotto ausgeben? Sie vertrauen tatsächlich darauf, dass ihr Reichtum von jemandem kommen wird, der ihren Namen aus dem Hut zieht. Sicher, jeder will in der Lotterie gewinnen, und selbst reiche Leute spielen von Zeit zu Zeit zum Spaß. Aber erstens geben sie nicht die Hälfte ihres Gehalts für Lose aus, und zweitens ist der Lottogewinn nicht ihr hauptsächlicher "Plan" zur Schaffung von Wohlstand.

Sie müssen darauf vertrauen, dass Sie derjenige sind, der Ihren Erfolg produziert, dass Sie derjenige sind, der Ihre Mittelmäßigkeit produziert, und dass Sie derjenige sind, der Ihren Kampf um Geld und Erfolg produziert. Bewusst oder unbewusst sind Sie immer noch Sie selbst. Anstatt die Verantwortung für das zu übernehmen, was in ihrem Leben geschieht, entscheiden sich arme Menschen dafür, die Rolle des Opfers zu spielen. Das vorherrschende Denken eines Opfers ist oft "Ich Armer". So presto, nach dem Gesetz des Vorsatzes, ist das buchstäblich das, was die Opfer bekommen: sie werden "arm".

Beachten Sie, dass ich gesagt habe, dass sie die Rolle des Opfers spielen. Ich habe nicht gesagt, dass sie Opfer waren. Ich glaube nicht, dass jemand ein Opfer ist. Ich glaube, der Einzelne spielt die Rolle des Opfers, weil er glaubt, dass es ihm etwas gibt.

Was wir bekommen

Wie können Sie feststellen, wann einzelne Personen das Opfer spielen? Sie hinterlassen drei offensichtliche Anhaltspunkte.

Spur 1: Scheitern

Wenn es darum geht, warum sie nicht reich sind, sind die meisten Opfer Profis im "Blame Game". Ziel dieses Spiels ist es, zu sehen, auf wie viele Personen und Zustände man zeigen kann, ohne sich selbst jemals zu sehen. Zumindest macht es den Opfern Spass.

Leider macht es für alle anderen, die das Pech haben, in ihrer Nähe zu sein, nicht so viel Spaß. Das liegt daran, dass diejenigen, die den Opfern nahe stehen, zu leichten Zielen werden.

Die Opfer geben die Schuld dem Wirtschaftssystem, der Regierung, der Börse, ihrem Börsenmakler, ihrer Art von Unternehmen, ihrem Arbeitgeber, ihren

Angestellten, ihrem Manager, dem Home-Office, ihrer Upline oder Downline, dem Kundendienst, der Versandabteilung, ihrem Partner, ihrem Mitarbeiter, der höheren Macht und natürlich immer ihren Eltern. Es ist immer jemand anderes oder etwas anderes schuld. Das Problem ist alles oder jeder andere als sie.

Spur 2: Rationalisieren

Wenn die Opfer nicht schuldig sind, werden Sie oft feststellen, dass sie ihre Situation rationalisieren, indem sie etwas sagen wie: "Geld ist nicht wirklich von Bedeutung. Lassen Sie mich Ihnen folgende Frage stellen: Wenn Sie sagen würden, dass Ihr Partner oder Ihr Freund oder Ihre Partnerin oder Ihr Freund nicht so wichtig ist, würde dann einer von ihnen für lange Zeit da sein? Das glaube ich nicht, und Geld auch nicht!

Würden Sie ein Motorrad haben, wenn es Ihnen nicht wichtig wäre? Natürlich nicht. Würden Sie ein Haustier haben, wenn es Ihnen nicht wichtig wäre? Natürlich würde ich das nicht tun. Genauso werden Sie kein Geld haben, wenn Sie denken, Geld sei nicht wichtig.

Sie können Ihre Bekannten mit dieser Einsicht blenden. Stellen Sie sich vor, Sie befinden sich in einem Gespräch mit einem Bekannten, der Ihnen sagt: "Geld ist nicht wichtig. Legen Sie Ihre Hand auf seine Stirn und schauen Sie auf, als ob Sie eine Botschaft des Himmels empfangen würden, und rufen Sie dann: "Sie sind pleite! Worauf Ihr skandalisierter Bekannter zweifellos antworten wird: "Woher wussten Sie das?

Dann strecken Sie Ihre Handfläche aus und antworten: "Was wollen Sie noch wissen? Das sind 50 Dollar, bitte!" Lassen Sie es mich auf den Punkt bringen: Wer sagt, Bargeld sei unbedeutend, hat keins!

Reiche Menschen verstehen die Bedeutung von Bargeld und den Platz, den es in unserer Gesellschaft einnimmt. Auf der anderen Seite validieren arme Menschen ihre finanzielle Unbeholfenheit durch irrelevante Vergleiche. Sie werden argumentieren: "Nun, Bargeld ist nicht so wichtig wie Liebe. Nun, ist dieser Vergleich dicht oder was? Was ist wichtiger, Ihr Arm oder Ihr Bein? Vielleicht sind sie beide signifikant.

Hören Sie zu, meine Freunde: Geld ist in den Bereichen, in denen es wirkt, äußerst wichtig und in den Bereichen, in denen es nicht wirkt, äußerst unbedeutend. Und obwohl Liebe die Welt bewegen kann, zahlt sie sicherlich nicht für den Bau eines Krankenhauses, einer Kirche oder eines Hauses. Es ernährt auch niemanden. Kein reicher Mensch glaubt, dass Geld nicht sinnvoll ist.

Spur 3: Jammern

Jammern ist das Schlimmste, was Sie für Ihre Gesundheit oder Ihr Vermögen tun können. Das Schlimmste! Warum? Ich bin ein großer Anhänger des universellen Gesetzes, das besagt: "Was sich zentriert, dehnt sich aus".

Wenn Sie jammern, worauf konzentrieren Sie sich dann, was ist richtig oder falsch in Ihrem Leben? Offensichtlich konzentrieren Sie sich auf das, was falsch ist, und je mehr Sie sich darauf konzentrieren, desto mehr von dem, was falsch ist, werden Sie sich auch weiterhin aneignen. Viele Lehrer auf dem Gebiet der persönlichen Entwicklung diskutieren das Gesetz der Anziehung. Es besagt, dass "Gleiches gleiches anzieht, was gleich ist", was bedeutet, dass man, wenn man jammert, tatsächlich "Schrott" in sein Leben zieht.

Ist Ihnen schon einmal aufgefallen, dass Jammerlappen oft ein schlechtes Leben führen? Es scheint, als ob alles, was schief gehen könnte, sie im Stich lässt. Sie sagen: "Natürlich beschwere ich mich, schau, wie schlecht mein Leben ist". Und jetzt, da Sie es besser wissen, können Sie ihnen erklären: "Nein, es ist, weil Sie sich beschweren, dass Ihr Leben so lausig ist. Halt die Klappe... und stellen Sie sich nicht neben mich!"

Was uns zu einem anderen Punkt bringt. Sie müssen sicherstellen, dass Sie nicht in die Nähe der Beschwerdeführer kommen. Wenn Sie in ihrer Nähe sein müssen, tragen Sie unbedingt einen Stahlschirm mit sich herum, oder die Scheiße, die für sie bestimmt ist, wird Sie auch erwischen!

Hier sind einige Vorbereitungen, von denen ich verspreche, dass sie Ihr Leben verändern werden. Für die nächsten 7 Tage wage ich es, dass Sie sich überhaupt nicht beschweren. Nicht nur laut, sondern auch in Ihrem Kopf. Aber man muss es die ganzen 7 Tage machen. Wie ist das? Denn in den ersten Tagen kann es sein, dass noch "Restmüll" von früher eintrifft. Leider bewegt sich der Müll nicht mit Lichtgeschwindigkeit, wissen Sie, er bewegt sich mit der Geschwindigkeit des

Mülls, so dass das Aufräumen eine Weile dauern kann.

Fehler, Rationalisierung und Jammern sind wie Pillen. Sie sind nur Stressreduzierer. Sie bauen den Stress des Versagens ab. Überlegen Sie es sich. Wenn ein Individuum nicht in irgendeiner Weise, Form oder Gestalt versagen würde, müsste es dann versagen, rationalisieren oder jammern? Die offensichtliche Antwort ist nein.

Hören Sie von nun an sofort damit auf, wenn Sie sich selbst scheitern, rationalisieren oder sich katastrophal beschweren hören. Erinnern Sie sich daran, dass Sie Ihr Leben produzieren und dass Sie in jedem Augenblick Erfolg oder Scheiße in Ihr Leben bringen werden. Es ist entscheidend, dass Sie Ihre Gedanken und Worte klug wählen!

Jetzt sind Sie bereit, eines der größten Geheimnisse der Welt zu erfahren. Sind Sie bereit? Lesen Sie es genau: Es gibt keine wirklich reichen Opfer! Verstehen Sie das?

Außerdem, wer würde schon zuhören? "Whaa, ich habe einen Kratzer an meiner Yacht." Worauf fast jeder antworten würde: "Wen interessiert das?

Was hat der Einzelne davon, ein Opfer zu sein? Die Antwort ist Aufmerksamkeit. Glauben Sie mir, es ist fast unmöglich, wirklich glücklich und erfolgreich zu sein, wenn man ständig um Aufmerksamkeit bemüht ist. Denn wenn Sie Aufmerksamkeit wollen, sind Sie der Gnade anderer Menschen ausgeliefert.

Oft enden Sie als "Volksliebhaber", der um Zustimmung bettelt. Die Suche nach Aufmerksamkeit ist ebenfalls ein Problem, da Einzelne dazu neigen, dumme Dinge zu tun, um sie zu bekommen.

Nun, wie gesagt, ein reiches Opfer gibt es nicht. Um also ein Opfer zu bleiben, sorgen Aufmerksamkeitssuchende dafür, dass sie niemals reich werden. Es ist Zeit zu wählen. Man kann ein Opfer sein oder reich, aber man kann nicht beides sein.

Hören Sie zu. Jedes Mal, und ich meine jedes Mal, wenn Sie beschuldigen, rationalisieren oder sich beschweren, schneiden Sie Ihre finanzielle Kehle durch. Es ist an der Zeit, dass Sie Ihre Macht zurückgewinnen und erkennen, dass Sie alles in Ihrem Leben produzieren und alles, was nicht darin enthalten ist. Erkennen Sie an, dass Sie Ihren Reichtum, Ihr Nicht-Reichtum und jede Ebene dazwischen produzieren.

Proklamation: Legen Sie Ihre Hand auf Ihr Herz und sagen Sie...

"Ich produziere die genaue Höhe meines finanziellen Erfolgs!"

Berühren Sie Ihren Kopf und erklären Sie...

"Ich habe den Verstand eines Millionärs!"

Jedes Mal, wenn Sie sich dabei ertappen, dass Sie versagen, rationalisieren oder jammern, schieben Sie Ihren Zeigefinger wie einen

GOLDENE SCHRITTE ZUR FINANZIELLEN FREIHEIT

Abzug über Ihren Hals, um sich selbst anzuzeigen, dass Sie sich Ihre finanzielle Kehle durchschneiden.

Diese Geste mag Ihnen vielleicht etwas grob erscheinen, aber sie ist nicht gröber als das, was Sie sich selbst antun, wenn Sie sich beschuldigen, rationalisieren oder beschweren, und sie wird letztendlich dazu beitragen, diese destruktiven Gewohnheiten zu mildern.

2. einen "Bericht" erstellen. Schreiben Sie am Ende jedes Tages eine Sache auf, die gut gelaufen ist, und eine, die nicht gut gelaufen ist. Schreiben Sie dann die Antwort auf die Frage auf, die mit der Frage einhergeht: "Wie habe ich jede dieser Situationen produziert?" Wenn andere Personen beteiligt waren, fragen Sie: "Welchen Anteil hatte ich an der

Produktion jeder dieser Situationen? Diese Simulation wird Sie für Ihr Leben verantwortlich machen und Ihnen die Techniken, die funktionieren und die, die nicht funktionieren, bewusst machen.

Spielen, um zu gewinnen oder zu verlieren

Arme Menschen spielen das Spiel um Geld in der Verteidigung statt in der Offensive. Lassen Sie mich Sie fragen: Wenn Sie irgendeinen Sport oder irgendein Spiel nur in der Verteidigung gespielt hätten, wie stehen die Chancen, dass Sie in diesem Spiel Erfolg hätten?

Die meisten Menschen würden dem zustimmen, nur wenige und weit voneinander entfernt. Doch genau so spielen die meisten Menschen das Spiel um Geld. Ihre Hauptsorge gilt dem Überleben und der Sicherheit und nicht der Produktion von

Reichtum und Überfluss.

Was ist also Ihr Ziel? Was ist Ihre wahre Absicht? Das Ziel wirklich wohlhabender Individuen ist es, monumentalen Reichtum und Überfluss zu haben. Nicht nur etwas Geld, sondern eine Menge Geld. Was ist also das große Ziel armer Menschen? "Genug zu haben, um die Rechnungen bezahlen zu können... und mit der Zeit wäre ein Wunder!" Lassen Sie mich Ihnen von der Macht der Absicht erzählen.

Wenn es Ihre Absicht ist, genug zu haben, um die Rechnungen bezahlen zu können, dann ist das genau das, was Sie erwerben werden, genug, um die Rechnungen zu bezahlen und keinen Cent mehr.

Personen aus der Mittelschicht gehen zumindest einen Schritt weiter... zu schade, dass es ein Zwergenschritt ist. Ihr großes Lebensziel ist auch ihr Lieblingswort in der Welt. Sie wollen es sich einfach "bequem" machen. Ich sage es Ihnen nur ungern, aber es gibt einen großen Unterschied zwischen bequem und reich sein.

Errungenschaften

Ich muss zugeben, dass ich das nicht immer erkannt habe. Aber einer der Gründe, warum ich zuversichtlich bin, dass ich das Recht habe, dieses Buch zu schreiben, ist, dass ich die Erfahrung gemacht habe, auf allen drei Seiten des sprichwörtlichen Zauns zu stehen.

Ich war super pleite, wie damals, als ich mir

einen Dollar für Benzin in meinem Auto leihen musste. Aber lassen Sie mich das relativieren.

Zunächst einmal war es nicht mein Auto. Zweitens kam dieser Dollar in Form von vier Vierteln. Wissen Sie, wie peinlich es für einen Erwachsenen ist, mit vier Vierteln für Benzin zu bezahlen?

Der Junge an der Zapfsäule sah mich an, als sei ich eine Art Automatenräuber, schüttelte dann nur den Kopf und lachte. Ich weiß nicht, ob Sie das nachvollziehen können, aber es war definitiv einer meiner finanziellen Tiefpunkte und leider nur einer davon.

Als ich mich erst einmal organisiert hatte, war ich so weit, dass ich mich wohl fühlte.

Bequem ist schön. Zumindest gehen Sie zur Abwechslung mal in ein anständiges Restaurant. Aber so ziemlich alles, was ich bestellen konnte, war Hühnchen. Es ist nichts gegen Hühnchen einzuwenden, wenn Sie das wirklich wollen. Aber oft ist es nicht so.

Tatsächlich entscheiden Menschen, die sich nur finanziell wohlfühlen, oft, was sie essen, indem sie auf die rechte Seite der Speisekarte, die Preisseite, schauen. "Was möchtest du heute Abend essen, Liebes?" "Ich nehme diesen 8-Dollar-Teller. Mal sehen, was es ist. Überraschung, es ist das Huhn", zum 19. Mal in dieser Woche!

Wenn Sie sich wohlfühlen, trauen Sie sich nicht, Ihre Augen den unteren Teil des Menüs sehen zu lassen, denn wenn Sie es täten, könnten Sie die verbotensten Wörter im Wörterbuch der Mittelklasse finden: Marktwert! Und selbst wenn Sie neugierig sind, werden Sie sich nie fragen, was der wirkliche Preis ist. Zunächst einmal, da Sie wissen, dass Sie es sich nicht leisten können.

Zweitens ist es ehrlich gesagt peinlich, wenn man weiß, dass der Kellner einem nicht glaubt, wenn man ihm sagt, dass das Gericht 46 Dollar mit extra Beilagen kostet, und man erklärt: "Wissen Sie was, irgendwie habe ich heute Abend ein echtes Verlangen nach Hühnchen.

Ich muss sagen, dass für mich persönlich eines der besten Dinge, wenn man reich ist, ist, dass man keine Preise mehr auf der Speisekarte sehen muss. Ich esse genau das, was ich essen möchte, unabhängig vom Preis. Ich kann Ihnen versichern, dass ich das nicht getan habe, als ich pleite oder bequem war.

Es läuft alles darauf hinaus: Wenn es Ihr Ziel ist, sich wohl zu fühlen, werden Sie wahrscheinlich nie reich werden. Aber wenn es Ihr Ziel ist, reich zu werden, werden Sie sich am Ende höchstwahrscheinlich sehr wohl fühlen.

Zu den Prinzipien, die ich unterrichte, gehört: "Wenn Sie auf die Sterne schießen, treffen Sie sowieso den Mond. Arme Menschen schießen nicht einmal auf das Dach ihres Hauses und fragen sich dann, warum sie keinen Erfolg haben. Nun, sie haben gerade gelernt.

Sie bekommen, was Sie wirklich wollen. Wenn Sie reich werden wollen, muss Ihr Ziel reich sein. Nicht genug zu haben, um die Rechnungen zu bezahlen, und nicht nur genug zu haben, um sich wohl zu fühlen. Reichtum bedeutet Reichtum!

Proklamation: Legt eure Hand auf euer Herz und euren Zustand...

"Es ist mein Schicksal, Millionär und mehr zu werden!"

Berühren Sie Ihren Kopf und erklären Sie...

"Ich habe den Verstand eines Millionärs!"

Setzen Sie zwei finanzielle Ziele, die Ihre Absicht demonstrieren, Überfluss und nicht

Mittelmäßigkeit oder Armut zu produzieren.

1. Schreiben Sie die "Spiel um zu gewinnen"-Ziele für sich selbst auf:

a. Jahreseinkommen

b. Nettowert

Machen Sie diese Ziele in einem ehrlichen Zeitrahmen erreichbar, aber denken Sie gleichzeitig daran, "nach den Sternen zu schießen".

2. In ein schickes Restaurant gehen und ein Essen zum "Marktwert" bestellen, ohne zu fragen, wie viel es kostet. (Wenn die

Finanzen knapp sind, ist es in Ordnung, zu teilen.) Kein Huhn!

GEHEN SIE VORWÄRTS! GEHEN SIE FÜR IHRE FINANZIELLE FREIHEIT

Besuchen Sie unsere Website! Holen Sie sich weitere Bücher von MENTES LIBRES!

https://www.amazon.de/MENTES-LIBRES/e/B08274DDV4?ref_=dbs_p_ebk_r00_abau_000000

Wenn Sie möchten, können Sie Ihren Kommentar zu diesem Buch hinterlassen, indem Sie auf den folgenden Link klicken, damit wir uns weiter entwickeln können! Vielen Dank für Ihren Kauf!

https://www.amazon.de/dp/B0893N1ZYH

www.ingramcontent.com/pod-product-compliance
Lightning Source LLC
Chambersburg PA
CBHW050305220526
45465CB00002B/827